L'autrice remercie la Fédération Wallonie-Bruxelles pour l'obtention de la bourse de découverte grâce à laquelle *JERK* a pu aussi s'écrire.

Maud Joiret a réalisé une adaptation de ce texte et porte sur scène cette partition poétique en trio, secouée par le cirque, la musique et le chant avec Majo Cázares aux mouvements et Marthe Lagae au son. La première de *JERK*, lecture performée a lieu aux Rencontres Inattendues de Tournai en août 2022. Merci pour leur soutien.

L'ARBRE DE DIANE

Avenue Van Becelaere 184
1170 Boitsfort – Belgique
larbrediane@gmail.com
www.larbrediane.be
Instagram : @larbrediane_editions
D/2022/13.541/1
ISBN : 978-2-930822-21-1

Photographie de couverture : Alice Khol
Assistante éditoriale : Margaux Chorzepa

FÉDÉRATION WALLONIE-BRUXELLES

La publication de cet ouvrage a été encouragée par une subvention accordée par la Fédération Wallonie-Bruxelles.

MAUD JOIRET

JERK

L'arbre de Diane

Les deux Sœurs

Un Choeur et une histoire en dix chapitres

Là

Depuis combien de temps
n'a pas d'importance
depuis
que la peau sèche
comme de la viande
comme au soleil.

Jean Le Choeur

Première définition

On commence ?

Je suis Jean-Tame.

On rassemble des notes.

On lance la recherche,
les premières lignes.

On place un gros morceau du mot au bout
chair rose et tortillante.

On voit si ça mord

JERK. *Noun.*

Je suis Jean-Glicise. Je suis Jean-Ploie.

JERK, nom masculin.

Secousse,

saccade.

À-coup.

Coup sec.
Mouvement soudain et rapide.

Adjoint à un tas de prépositions c'est aussi un verbe.
JERK, *Verb.* TO JERK OUT. TO JERK TO. TO JERK UP. TO JERK OFF.

Indique en tout cas un changement brutal de comportement, de trajectoire.

Genre : on prend soudain conscience de quelque chose.
Ou alors

on était végétative et d'un coup on devient active.

En mécanique ça se mesure en mètres par seconde au cube.

C'est la dérivée de la dérivée de la vitesse.
La dérivée.

De la dérivée.

De la vitesse?

On observe comment l'accélération va varier dans le temps.
Ok.

On calcule la violence des grands huits et des montagnes russes avec ça.
On l'utilise aussi beaucoup dans les transports ferroviaires.

Ça tombe bien.

Vachement bien.
Cette histoire commence dans des trains.

Je suis Jean-Chaîne. Je suis Jean-Poigne. Nous sommes le Choeur.

Nous commentons ce qui se passe.

Nous disons la vérité

que ça plaise ou non.

Cette histoire se raconte par saccades, entre 2003 et 2019, presque aujourd'hui en fait.

C'est comme ça.

C'est l'histoire d'une fille

en

deux

temps.

Je mesure

la brutalité

des mouvements
entre

ces deux

époques.

Je suis le choeur, je raconte,

je chante, je danse,

je balance

et je rends visible l'invisible.

C'est notre mission.

Chapitre 1

– Sixtine –

Deux zéro zéro trois

Deux zéro zéro trois
après Jésus-Christ
juillet couronne
le premier août
dans un TGV

Hollywood c'est mieux que Stimorol

Se casser un bras mieux que vider le lave-vaisselle

86, côté fenêtre
où se tend la joue gauche

Sixtine se mate dans la vitre quand personne ne regarde

café
pain au chocolat
formule à 3.90

artificiellement dociles, deux jambes
imberbes
pieds circonflexes

cent-trente-deux chansons
dans un mp3

Eminem aussi bien que Dr Dre
avoir seize ans mieux qu'avoir une famille
un chaton
un appartement à Los Angeles avec un grand balcon
un lecteur DVD

vaillamment

un aller-retour aux toilettes
un contrôle de billet uniforme
assorti à l'intérieur moquette

voyage solo
Sixtine s'arrime à son siège
elle passe du livre au paysage
de l'instantané à l'anticipé
cerveau chou-fleur à la vapeur

la nymphette de Vladimir
ne ressemble pas à celle d'Alizée
sur la couverture poche
de Nabokov
une femme
de profil aux lèvres
entrouvertes
le rouge brille
vasculaire il ébrase deux virgules
bombées imposant
la symétrie duckface

en miroir

trois-cent-trente-huit minutes
de lecture
de stress
de rêveries
impolies
ferroviaires

hier après-midi
il était venu la chercher en voiture
il l'avait embrassée elle
avait fermé les yeux
et puis rouverts elle ne sait pas très bien
ce qu'il convient de faire avec le regard
l'exigence du regard
dans ces moments-là
dans le pli de son cou
sa peau à lui sentait la levure de bière
un métal fondu
la crème aigre et le roseau
ce qui reste d'une vie, déjà

il est ce que ses seize ans conquièrent
un interdit à soi

les secrets mieux que les mensonges
les mensonges une question de perspective
seize ans donne le pouvoir

de devenir reine quelque part
mi-fée mi-punk

annonce dans la rame
le décor décélère
une arrivée

d'abord
elle ne voit
rien
la faute aux films
le cinéma est responsable
de la mort de Marilyn
le cinéma est aussi responsable
de l'incapacité des gens
à se retrouver
à quai

sous la gorge l'archet sec
d'un violon imaginaire
aux poumons l'air manquant
d'une improbable caresse – le vent s'est fait la malle
emportant didascalies
personne aux lumières
et confiscation des ralentis

Le cinéma est la vie antérieure de nos embarras.

Chapitre 2

– Thirty –

Deux zéro un neuf

Encore une fois
Thirty cherche
la verticale après l'aube
dans le tram bondé

la paume lubrifie
la main courante
sommeil avorté il est presque
neuf heures

peut-être s'il y avait des mouettes aussi
dans le wagon
sous un tas de sable mou des vers et des crevettes
une bibliothèque
de la brume de la mousse des guitares et des pierres centenaires
on verrait mieux le sens
des quotidiennes transhumances

chaque jour se dévide sur un tapis roulant
on se scanne
ordonnancement discipline
trajectoire : performance

céréales café un peu de mascara
gourde d'eau trois à cinq fruits une chemise propre une réserve d'anecdotes

disponibles un remède contre le mal de dos le logiciel de gestion de projets les capitons vingt-quatre jours de congé dix jours de maladie un pécule pour la soif une visite quotidienne au Carrefour Market deux packs de six un abonnement à Netflix et à Spotify un piano contre la fenêtre prendre les notes par poignées sombres pour forcer un passage dans une plus longue nuit

le clavier des déclassements est inversé à l'assistance sociale on ne demande rien
on répond
d'une affection honteuse d'enfantements de couleur de peau
d'habitudes

les collègues
psychologues
accueillantes
apprécient Thirty
ses retards sont pardonnés
ses remarques prises en considération
tout le monde croit ferme
que la jeunesse n'a qu'un temps
puisque tout le monde est passé par là
on attend la mort de l'insouciance
devant la machine à café

Thirty finira bien
par leur ressembler
il n'y a rien d'autre à faire
alors
serrons les rangs

elle reçoit les déchéances les problèmes de santé mentale
elle prodigue les conseils et les soins
sait la suprématie des symptômes
derrière ou devant le bureau des consultations tout le monde devient dingue
à l'abreuvoir des illusions les professionnelles
les patient.e.s tournent en rond autour des circulaires
et guettent là un laissez-passer
pour une absolution

il est presque neuf heures Thirty sort du fil Instagram change de playlist
ne descend pas à la station habituelle marche le coeur aligné sur la voix
de PJ Harvey
le temps desserre son emprise quand on fout le camp
gare centrale
les départs sont suspendus au-dessus des clochards
les militaires sortis des jeux vidéos et le sucre
des gaufres caramélise les urines les narines
les anonymes et les marches des escalators la seule chose raisonnable à faire
serait de courir à poil en hurlant

Elle monte dans un train au hasard.

Là

Un million, un milliard d'heures
qui sait
le piano
l'appartement prennent la poussière indifférente
la mue opère

la tête à gauche
à droite fait sonner les vertèbres
à l'étouffée
la fille se dit dans le cou
une alien va bientôt percer
la coquille de son oeuf

sonore
avant que d'être labile
avant le muscle et l'odeur
tout craque
le genou les phalanges
salle de concert format
de poche

sonore plus que la douleur
plus que la peur
au commencement il y a le bruit
de sa combustion
vers les oreilles l'embouteillage
de vie

sa fermentation
et sa propre érosion
klaxonnent
sous la surface il n'y a pas de rides
les poumons sont un peu noirs
de goudron

si on était dans l'Antiquité
ou bien à la Révolution
on tremperait une plume
dedans
pour écrire quelque chose
de terrible

Mais aujourd'hui ça n'a pas d'importance.

Jean Le Choeur

Deuxième définition

JERK, nom masculin : mélange d'épices caribéennes pour viandes et marinades.

JERK, nom masculin : viande séchée au soleil.

Je suis Jean-Broche. Je suis Jean-Veux.

Je suis Jean-Brase.

Je me souviens de l'été 2003. Il faisait chaud

canicule.

J'ai sué.

Mais c'était l'automne dans ce tram en 2019 et pourtant il y avait de la sueur sur les mains. Produit liquide de la vitesse ?

Produit liquide

de la crise d'angoisse, oui.

Quand on mange épicé on sue aussi - pareil.

Est-ce que la sueur a toujours le même goût ?

Si on lèche la main courante du tram

et si on se lèche après avoir avalé un poulet sauce jerk ?

Est-ce que la peau a toujours la même palette d'odeurs ?

Sa peau à lui sentait le métal fondu et la crème aigre. Est-ce qu'une peau séchée au soleil sent la même chose ?

Je suis Jean-Doute.

Est-ce qu'à seize ans,

à trente ans,

à cinquante-six ans
on sent la même chose ?

Ça dépend dans quoi on marine.

Cette histoire est une histoire de peaux.

Cette histoire est une histoire de jeunes et de vieilles peaux.
Oui.

Et non.

Nous sommes le choeur. Nous rendons visible l'invisible.

Cette histoire est une histoire d'imprégnation,

de recherche de piment,

d'appétit.

Je suis cette viande qui marine.

Je suis cette chair qui se roule dans l'ail cru des histoires.
Je suis tellement influençable.

Les histoires m'influencent. Les autres m'influencent. Je ne sais plus ce que je pensais exactement au début.

Je ne sais pas si j'ai déjà pensé par moi-même.

Les filles populaires m'influencent. Mes parents m'influencent. Les gens qui ont l'air sûrs d'eux m'influencent. Les gens que je pense puissants m'influencent. Les chansons m'influencent.

Je me souviens

de rien

et de toutes les paroles.

Je suis une chienne qui ramène chaque rime dans ma bouche

comme un petit bâton.

Brave bichon.

Je suis Jean-Bête.
Elles sont conçues pour ça.
Pour qu'elles te rentrent profond dans le crâne.
Même quand tu n'as rien demandé.

Je crois que les chansons pénètrent en nous comme des marinades.

Elles nous façonnent poétiquement.
Politiquement.
Procrastinationnellement.

Je suis Jean-Touchepasune.

Romantiquement.

Comme les romans.

Sans consentement.

Je suis Jean-Chéris et quand j'étais petite je léchais les assiettes de sauce en cachette jusqu'à ce que ma langue goûte le vide et la faïence. Je crois à la poétique de l'absorption.

J'ai tellement intégré certaines chansons qu'elles sont rentrées dans mes tissus.

mélodies / sérums

Leurs histoires d'amours limites et leurs mystiques égotiques, je les ai passées en boucle. J'ai adulé celles et ceux qui les avaient écrites.

Et celles et ceux qui les interprétaient.

C'est comme si iels parlaient pour moi.
C'est comme si iels parlaient avant moi.

J'ai envie de me rouler à leurs pieds.

J'ai envie qu'iels sentent à quel point je les sens.

C'est pour ça que je suis là ?

Je suis Jean-Tube et l'admiration est ma raison de vivre.

Un jour, je me suis fait porter pâle pour pouvoir penser toute la journée à une actrice.

Qui ça ?

Gillian Anderson.

Je l'adore.

Est-ce qu'elle n'est pas un peu âgée ?

Idiote.

Elle est hors de portée.

C'est une perte de temps.
Elle est le show-business.
La nouvelle aristocratie.

L'ennemi.

Elle ne sera jamais au courant de tout ceci.

Ce n'est pas grave. Je ne pense pas que la réalité m'intéresse tant que ça.

C'est puéril.
C'est affligeant.

C'est comme ça.

Je suis Jean-Vie et sans elle, je n'ai plus d'espoir.

Toute la journée au téléphone ou à taper à la machine.

Je voudrais tellement qu'il se passe quelque chose. Comme dans les chansons. Comme dans les romans.

Démission unilatérale, démission sans préavis
Démission sans putain de pointage au chômage
Démission point final

Quelque chose de fort.

Je voudrais rejoindre Gillian Anderson dans un hôtel chic et faire l'amour avec sa voix. Elle m'offrirait du champagne et elle me dirait, un peu embarrassée, que j'ai l'âge de sa fille. Je lui répondrais : « I could not be your daughter. My accent is not British enough ». Ça la ferait rire. Alors elle me dirait : « If you don't stop me, I could get closer. And closer. And closer. »

Je suis Jean-Flamme.

Gillian me remet une mèche en place et se regarde dans mon gloss.

Gillian se tient contre mes tickets de trams et mon pack de six.

Elle se poste entre mon impuissance et le monde.
Elle me dit : « I want to feel you ». Mon oreille /
nudité pure.

Chaque atome de ses mots me plonge dans un espace et un temps où rien d'autre n'existe qu'un foudroiement.

Je ne pense pas. Je n'ai plus à penser.

Je suis immédiate et longue dans l'à-coup.

Singin' in the old bars, swingin' with the old stars, livin' for the fame

Est-ce que ça tient compagnie ?

Sans doute.
My loneliness is killing me.

Chapitre 3

– Sixtine –

L'amie de sa mère

Ok ça tourne
vite
les couleurs les matières les roulettes la touffeur sous l'auvent l'arrivée des voyageur·euse·s, l'incroyable
cinétique humaine
quel secret bien gardé
le sens des choses
la mécanique des circonstances
à qucl âgc
sait-on exactement
ce qu'on fait
au juste
là
dans le ballet de la gare
ça tourne K.-O.
Sixtine et l'amie de sa mère se font face
seize ans et cinquante-six ans
seules pour la première fois ensemble
sans les parents
plantées là par l'évidence
d'une perte

L'amie de sa mère porte une robe noire avec des pois blancs. Une robe de deuil avec des étoiles dedans. Son mari est mort il y a cinq mois.
Il ne sera plus d'aucun été, d'aucune fête.

Les secondes gèlent
loyales soldates
du passé
le présent des retrouvailles
à jamais préservé

protégé
par l'adulte
qui veille de loin
sur soi-même
à travers le temps

il y a des fantômes du futur
dans le présent
qui se baladent
qui prennent en photo
vidéo caméscope
ce qui compte
et ce qui s'ignore
et ce qui davide les goliaths
une mouche qui vole à côté
d'un nourrisson
un lacet sale à un mariage
ce qui d'humble ou d'idiot
avec force, survivra

les larmes de l'amie de sa mère
une première fois
vues

le premier août
deux zéro zéro trois

deux longues étreintes
sourcils qui plongent
composent avec pudeur
un origami de rides
deux joies tristes titubent
une marche robuste
une suite sotto voce
une géante
une enfant
un parking de province
un été qui gicle
sur trente pare-brises

utilitaire turquoise
on branche l'autoradio
les vitres obéissent
au doigt l'oeil fixe
troisième sortie
c'est toujours celle
de la campagne, on dirait
de la campagne beurrée
qui sèche
comme une écolière
n'y a-t-il qu'une seule gauche
une seule droite
sur lesquelles synchroniser

deux ventres deux pouls
et une disparition

dans les chansons la veuve
porte un long voile noir
elle doit user son regard
sur l'absence jusqu'à ce que sa peau
caméléonne la transparence
ou alors elle enchaîne
les verres de chardonnay
ou les plaquettes de prozac
ou les amis du mort ici
le scénario papier
buvarde dans la douleur
le mari avait de belles
grandes moustaches
un rire tellement chaud
que les oiseaux le suivent
encore de saison en saison
et qu'il est pour toujours
le premier mort
le premier ami
un éternel soleil
la raison pour laquelle
des mains délicates se posent
pleines de vides
sur le volant de cuir

Les mots défunts se succèdent en file indienne
sur la voie d'arrêt d'urgence.

Chapitre 4

– Thirty –

Une genèse

Thirty ne quitte pas la gare
Thirty retourne au point de départ
et jusque dans le bureau de la direction
puisque les destinations
se brouillent que les jambes
n'obéissent plus elle signe là
sa démission

alors le sommeil la couche
pendant sept jours

Au septième jour Dieu avait terminé tout l'ouvrage qu'il avait fait et le septième jour il chôma, après tout l'ouvrage qu'il avait fait. (Genèse 2:2)

trente ans d'emploi
temps plein crèche école centres aérés études
supérieures contrat CDI
de la création d'elle-même
au bureau de chômage
Thirty a eu tout le loisir
de faire ce qu'on lui dit
du lever
au coucher
panier

petite chienne
c'est la première fois
qu'elle se croise les pattes
elle fut longue
elle fut courte
cette genèse

huitième jour
elle sort dans le midi
frais automate
jusqu'au centre-ville
domptant les battements du cœur
qui montent comme la marée
noyant la peau sous les vêtements

les visages et les corps
qui marchent dans la rue
accélèrent la pompe à sang
sa poche vibre elle ne répond pas
sans réfléchir se retrouve
au milieu de piles de téléphones
de brosses à dents électriques de machines à laver
d'aspirateurs de câbles HDMI de fers à friser
un zoo gris et rouge
avec des cages en fer
remplies de boîtes
multicolores
gouzi gouzi

font les mains au-dessus des présentoirs
Thirty passe à la caisse
438 euros
la paix, cet artifice
a aujourd'hui un prix

sur l'écran de la console
cueillette de champignons pastels
un petit bonhomme vert
est venu dire au monde
que la réalité est un piège
dont on s'échappe en préparant
des remèdes magiques
avec des bouts de monstres
et des papillons fluos
pour sauver une princesse
qui s'appelle Zelda

pourquoi chercher une princesse
et pas une conseillère d'orientation
une maîtresse divinatoire

Et Dieu chôma et joua à Zelda, Breath of the Wild, pendant sept jours et mata l'intégrale de Game of Thrones en mangeant des carbonara et des mandarines (pour les vitamines). Au dixième jour elle n'avait toujours pas répondu à ses messages au douzième jour elle s'inquiéta de la disparition de sa libido (Dieu d'ordinaire se masturbait presque quotidiennement, frénétiquement les jours d'ovulation et les veilles de règles) et elle ramassa sa couette sur elle et lança Candy Crush.

jouer le jeu
chercher un analgésique à tout
et en même temps un excitant de base
tout semble à réinventer
et elle ne sait où commence
la fin des réflexes acquis
le départ de rythmes neufs

qui a vraiment droit au repos
même pas Zelda dans son donjon
même pas Dieu peut-être

au travail
elle brassait des formules placebo
du vent sur les racines de la misère

comme elle, des milliers d'employé·e·s
abdiquent de royaumes factices
beaucoup partent pailler
des semis de légumes rustiques
grand retour à la terre
revival 19e, 18e, 17e, 12e siècle
devenir pote
avec des lombrics
chanter l'endive, la courge
et les cheveux broussailles
sueur méritante
la paysannerie, un nouvel eldorado
pour les malades du tertiaire

Gueuse is the new trend
Bouseuse is the real princess

Quitter, c'est ce qui compte.

Là

Ça a commencé sans que la conscience
ait reçu un recommandé
genre
présentez-vous à telle heure,
espèce
suspecte

ça n'avait le goût de rien
juste
une pose
sans personne pour regarder

séchée
comme de la viande
marinade maison

pores crevasses
au microscope
des petits poils
font des palmiers
peut-être quelqu'un·e
est mort·e au milieu d'une parcelle
du cuir
comme dans les récits
de traversée de désert

alors les losanges du derme
se sont resserrés

accentuant le relief

en anglais relief
veut dire soulagement
il est vrai que personne n'a entendu de cris
de souffrance ça s'est fait assez discrètement

sans cocon sans rien
comme dans un conte
mais quelque part
plus réaliste
à la fin la fille
a vachement vieilli

son coeur bat plus lentement
désormais

un rien suffirait sans doute à le secouer
c'est pratique
pour l'intensité

Jean Le Choeur

Dites donc

Quelqu'une a entendu quelque chose ? Un craquement ? Un murmure ?

Non. Je suis seule.

Nous sommes seules avec Sixtine et Thirty.

Comme des exclues du tourisme spatial.

Et heureusement.

Tout va bien.

Chapitre 5

– Sixtine –

Un passeport

Ici la vie commence
la vraie vie commence toujours quelque part
l'amie de sa mère se repose
le village exige maintenant
une exploration

bonjour jeunesse
toute-puissance hardiesse
les pleurs sècheront promesse crachée
fin de la tristesse et de la mort
écrasée comme une clope en douce
sur un bout de bitume

Sixtine avide
divague à l'aise
dans les rues dont l'été roi
a vidé les âmes à brûler
à l'exception
d'un jeune homme efflanqué
assis sur un muret
en pierre et en ciment
comme toujours dans les bourgades
il roule une cigarette spéciale
sa peau pâle fait un déni
de saison ses paroles posent les notes

attendues
d'une partition ancestrale
ce qui se dit :
une grande soif
d'aventures
de conformité

occasion huit mille carats
de ressembler aux autres filles
de travestir son histoire
après le démarrage de travers
après sa peau à lui qui sent
la levure de bière

Jeune et Jolie, Star Club et 20 ans
approuvent et acclament :
Amours d'été : à toi de jouer !
1er rendez-vous : évitez la cata !
Chopez-le sans en avoir l'air
Du 1er texto à la première nuit
Avec mon fiancé ou le GO, en disco ou en solo : comment vivre un amour d'été ?

rendez-vous
le lendemain
14h, deuxième sonnette

les mecs du coin
habitent de petits appartements
blanc cassé

à leur image
vus de l'extérieur
la solitude les assemble
par des petits trous qu'on détache
comme sur un calendrier de l'avent
à l'intérieur : surprise
le gars du muret s'appelle Florian, Bastien ou Jonathan
il fume de l'herbe c'est peut-être ça
qui empêche la couleur
de monter dans les joues
aussi la PlayStation

tout le monde à son poste
bière coca vodka
de la poubelle dépasse
le carton des pâtes

draps à petits carreaux bleus
capote sans goût
Sixtine est heureuse
de s'en aller voilà
un deuxième type au tableau de chasse
un deuxième type bien normal
un deuxième type qui ne fait pas de vagues
sur la ligne du temps

sûrement
il y aurait des choses
à en dire

si cllc ćtait quclqu’unc
d’autre
l’essentiel en tout cas
l’avoir fait au cas où
on lui poserait des questions
sur son adolescence
elle possède à présent
un récit conforme
un cachet sur un passeport
peu importe si au creux d’elle-même
elle ne se reconnaît pas
dans les amours
d’été des rayons
de la Maison de la Presse
elle gravit les échelons
de la féminité elle choisit son camp
prend son destin en main
puisqu’apparemment on devient femme
en cherchant le mâle
elle goûte le mystère
la puissance du secret
d’une étreinte

cette fois-ci elle pourra partager
peut-être celle-là
avec l’amie de sa mère à qui elle tait
instinctivement le premier type

jambes et bras semblent

changés au retour
sous l'action de la marche
symétrique par le sexe

aujourd'hui il sentait
le cèdre chimique de déodorant
il portait
des chaussettes de sport grises
dans des claquettes de sport
qu'il a laissées ensuite
tomber sur le carrelage

les cailloux existent
sur le revêtement des quelques rues
personne jusqu'à la maison

Chapitre 6

– Thirty –

PLS

Plusieurs copines comme Thirty
se couchent aussi
en position latérale
de sécurité
fœtus adultes
à l'âge où les mères
ont lâché la main
ont déçu
à l'âge où il est temps
de mettre une pièce
dans le distributeur de bonbons
qu'est le ventre des filles
c'est peut-être une manière
de boucher la fente d'empêcher
qu'on y fasse glisser
quelque chose
cette posture

elles voudraient bien
trouver quelqu'un·e
à leurs côtés
drôle et rassurant·e
une raison de se lever et d'aller là
où il est joyeux de se rendre
quelqu'un·e qui aide à trancher

entre erreur et succès
le morceau de vie étalé devant elles

un·e enfant peut servir
à ça
un bébé couteau suisse
à couper dans la chair du vivant
séparer les nerfs, les tendons
des tendres filets
par automatisme,
car il y a des règles à suivre
un horaire immuable
ordonnant la survie
dès le premier cri

se donner un·e follower·euse, un·e partenaire au quotidien
pour avoir quelque chose d'autre à dire
que la peur pour présenter la mort
de façon appétissante

à quel moment les filles
ont-elles cessé de rire
Thirty se demande
pourquoi les fêtes des années 1960
éclatent de joie pure
dans la série Netflix
dans les archives
de la télévision sur YouTube
la légèreté virevolte

swingue
sur les visages des danseur·euse·s
comme si on les avait enduit·e·s
d'huile de liesse

quand elle engloutissait
par dizaines grenadines
bds et caramels Thirty
se lovait dans les soirées
des adultes qui bourdonnaient
était-ce parce qu'elle voyait
l'existence depuis une plus petite lucarne
que les rires semblaient si grands
qu'elle s'en faisait des manteaux
pour traverser les nuits

peut-être
les filles ont cessé de rire
quand elles ont pris conscience
que le monde est taillé
à une autre mesure
que le sourire souvent soumet
le combat est-il si rude
qu'on ne peut que se faire
une gueule à la truelle
il est urgent que les filles
s'arment de rigolade

quand les copines sortaient elles buvaient

ça déchargeait la tension
la ligne qui court d'une main à l'autre
des pieds à la tête
qui transperce le plexus et encage
elles retroussaient leur t-shirt
en le mordant coton poignard
pour donner aux seins
un peu d'air
pour dire fuck en passant
contrebande pirates
à l'hypocrisie qui censure
les tétons de la chance
faire semblant de croire
que demain changera
avec leur utopie
avec leur courage
avec leur vulnérabilité

elles créaient leur propre événement
où bon leur semblait
elles s'enfermaient à plusieurs
pour cueillir de la narine
une ligne blanche
de la chance à crédit
et pisser dans des gobelets au photomaton
baiser mouillé avec un·e inconnu·e
dont elles espéraient que la rencontre
apporterait une raison de se déplacer
dans le futur

et surtout
une raison de rire plus tard
autour d'un autre verre
dans lequel l'amitié
donnerait encore la preuve
d'une vérité quelque part
parmi la foule des récits
de conquête

Là

Elle est ce jeu de bille qu'on tient en main
un labyrinthe avec des trous
parcours tremblant vers la précision

elle a perdu quelques dents
des cheveux
et gagné
une petite moustache
et un duvet de poussin
sur les mandibules

ses artères ont rétréci
on ne peut circuler qu'en pirogue
ou à la brasse
dans les passages étroits

elle ne se rappelle pas
cet endroit
la console
la fin de sa dernière série
les mots de passe de ses comptes de réseaux sociaux
si elle est la fille de quelqu'un·e
l'amoureuse de quelqu'un·e
le code d'accès du bâtiment de l'assistance sociale
elle l'a oublié depuis longtemps

son ventre s'alourdit
et allégé en même temps

il grouille
les intestins travaillent
comme des bateaux de pêche

Jean Le Choeur

Troisième définition

JERK, nom masculin : personne dégueulasse, désagréable, irrespectueuse.

Abruti.

Salaud.

Plus rarement : connasse.

Je suis Jean-Quête. Je suis Jean-Crasse.
Je suis Jean-Taille.
Suis-je une salaude?

On croit souvent que les mauvaises rencontres ont lieu la nuit, dans une ruelle sombre.

On pense que les mauvaises rencontres portent un blouson noir.
Qu'elles sentent l'alcool,
l'insistance des « bonsoir »,
la filature et la sueur.

Quel cliché.

Oui.

Et non.

La mauvaise rencontre, je l'ai vue sur les bancs de l'université, en t-shirt ligné sourire dentifrice et compliments. En réunion, dans l'ascenseur, en prenant un petit déjeuner sur une terrasse au soleil.

La mauvaise rencontre est une amie.

La mauvaise rencontre est une amie qui te ressert, et te ressert encore, autant qu'elle et davantage, de cet alcool qui te rendra malade, parce que ça la rassure que tu boives plus qu'elle.

On est toujours la mauvaise rencontre de quelqu'un ?

La mauvaise rencontre est une fille populaire.

La mauvaise rencontre est une amoureuse malhonnête.

À quel point provoque-t-on la mauvaise rencontre ?

La mauvaise rencontre est un directeur d'école qui te prend sur ses genoux.

La mauvaise rencontre a lieu dans un restaurant où tu travailles l'été comme étudiante.

La mauvaise rencontre est le barman de ce restaurant qui te harcèle et t'envoie une carte de deuil pour ton dix-neuvième anniversaire.

Ce sont les deux flics qui te demandent quelles positions sexuelles tu as effectuées avec lui quand ils constituent le dossier de ton harceleur.

Je suis le choeur et je me demande à quel point j'ai provoqué ces histoires dans le seul but de pouvoir un jour les raconter.

La mauvaise rencontre est une personne qui a fait beaucoup de mauvaises rencontres.

On est toujours la mauvaise rencontre de quelqu'un ?

La mauvaise rencontre est une personne puissante.
La mauvaise rencontre est une personne qui te domine.
La mauvaise rencontre est une personne qui te domine parce que tu la domines ?
La mauvaise rencontre ne s'annonce pas toujours.

Toutes les filles que j'ai rencontrées ont un doute sur le fait d'avoir fait une mauvaise rencontre.

Toutes.

Les.

Filles.

Ont.

Un.

Vieux.

Doute. Mais il n'est pas simple de rendre visible l'invisible que la mémoire tue.

Je place encore, et encore, et encore un gros morceau de mots au bout de mes lignes

chairs roses et tortillantes

pour voir

si

ça

mord

Je suis Jean-Pêche.
Je suis Sixtine.
J'ai seize ans.
L'âge légal de la maturité sexuelle.
Mon objectif est clair : perdre ma virginité.
Mon amant porte des costumes en velours comme Woody Allen.
J'ai seize ans, il en a cinquante-quatre.
L'âge de l'amie de ma mère.
Je le drague à la fin des cours.
J'écris que l'amour n'a pas d'âge dans mes dissertations.
J'avale le sperme de mon professeur d'anglais.
C'est moi qui lui ai demandé.
Je voulais essayer.
Je prends son sexe pour la première fois en main et je ne sais qu'en faire.
Je le malaxe.
Je le fais basculer, à droite, à gauche.
Ça le fait rire comme si j'avais confectionné un château de sable.
Ma bouche est un dévidoir à mensonges, une absolue schizophrénie.
Sa peau à lui sent la levure de bière.
Un métal fondu.
La crème aigre et le roseau.

Ce qui reste d'une vie, déjà.
J'ai dix-huit ans. Je le quitte. Personne n'est au courant de cette histoire. Je me tais.
J'ai dix-neuf ans. Je me fais agresser sur un chantier la nuit par deux hommes.
J'ai vingt-trois ans. Je vois que mon amante ne se sent plus très bien mais pourtant, je continue.
J'ai vingt-quatre ans. J'entame une relation avec une autre femme plus âgée que moi. Je suis sa maîtresse, elle m'interdit d'en parler. Je me tais.
Je suis Thirty. #Metoo explose et j'applaudis. Je ne me sens pas concernée.
J'ai deux fois seize ans. Je quitte mon poste à l'assistance sociale. Je me retrouve au chômage.
J'enchaîne les relations avec des plus vieilles que moi, sans résultats.
Mon corps est sans désir.
J'ai peur de sortir de chez moi.
J'ai trente-quatre ans.
Puis-je désirer encore ?

Pourrais-je désirer une personne de seize ans ?

Chapitre 7

– Sixtine –

Ninja Moon Summers

Sixtine bronze
sous le grand arbre là où
une table en fer blanc
et un vieux transat jaune
cajolent ombre et soleil
l'amie de sa mère dort beaucoup
dans la petite baraque
du petit village

cet après-midi encore elle est étendue
rideaux tirés
avec douceur
Sixtine signale sa présence
les larmes de la veuve
qui ne mange presque plus
s'excusent de couler
mais chaque heure lui rappelle
l'absence de l'aimé la maison
devient lac elle-même de moins
en moins un corps presque
juste deux yeux
qui se regardent tomber
au fond de son chagrin

ses forces la lâchent

la mort fait ça
à la survivante
du désespoir d'après-midi
du kidnapping de joie et de lumière
le mort lui
parle encore
enfin lui parle
déjà Sixtine ne sait
pourquoi elle se sent
gonflée à bloc
comme si elle avait avalé
un milkshake de Tortue Ninja
Call me Sailor Moon, Buffy Summers
elle le sait c'est certain
elle ramènera l'amie de sa mère
sur les rives full promesses
de la vie

bang !
Sixtine descend un par un
les spectres de l'angoisse
on n'est pas périmée à cinquante-six ans
on n'est pas périmée tant qu'on ne le décide pas
on n'est pas obligée de ranger son désir
on a droit à la vie
quelle chance de ne pas être d'ailleurs
grand-mère pub pour un gaufrier et puis de faire
enfin ce qui lui plaît
après tout même les morts

ont leurs défauts n'est-ce pas on peut quitter
les morts sans perdre leur amour

à mesure que nait
la possibilité d'écrire
une histoire de victoire
bang bang les fantômes des futurs ratés de l'amie de sa mère
s'écroulent dans ses pupilles
et le lac se retire
et la vase des heures tristes
redevient brique, solide sur le jardin d'été

à vingt heures elles dansent
sur des vieux disques folk
et de la chanson française
l'amie de sa mère prépare
un repas en musique
ses poignets reprennent
sur le melon les tomates
de la vigueur tout
est arrondi en bouche bombé
sucré et piquant de basilic

Qu'est-ce que tu lis en ce moment, Sixtine ?
(elle avait été professeure
de français dans un lycée
de Belgique avant de se barrer
avec son mec)
(avec la retraite anticipée)

(et Sixtine trouvait ça étonnant
qu'elle n'ait pas de tout temps
été découpée
sur fond de campagne
sur bord de mer bleue
en robe à pois légère
disponible à la vacance
gardienne de l'oisiveté)

« Lolita »
L'amie de sa mère sourit pour Sixtine
c'est un signe
ça va aller
pour de vrai.

Chapitre 8

– Thirty –

Dehors

Dehors est un péage
qu'on solde avec des heures
dehors est une matrice
qui redonne corps
âge, jambes, poitrine, sexe
chair visible dans la rue

Thirty ferme la fenêtre
qui surplombe l'avenue
elle refuse
le rapt de son temps
il s'agit de réfléchir
il s'agit de vivre
juste

et ça prend des plombes
beaucoup
de creuser avec les yeux
qu'on lui foute la paix

ce matin
à quoi bon
choisir en Sims
une tenue
un appétit

la déco des possibles
tourne fou
tout concorde vers une séquence type
un flétrissement
devant une porte-fenêtre
assiégée par des épidémies
assurées
un télétravail qui paie
le loyer et des steaks
ou une solitude tenace
précaire, à la marge
échaudée par des conflits
de cœurs et de corps
impossibles à aimer

le désir est mort
buté par l'angoisse

dans les rites initiatiques
des vieux récits
hérités en direct des mâles
réalisateurs auteurs conteurs historiens généticiens
genre
sans passation femelle
on dirait
l'homme ne montre pas sa trouille
il prétend simplement
qu'elle n'existe pas
mais des filles comme elle

se plient et se couchent sous l'effet
du malaise
cette pâte de frousse
elles la cultivent en pots
avec les succulentes et les misères
qui peuplent les appuis de leurs fenêtres
pourtant en contrebas
le cafard n'a pas la cote
une adolescente jongle
avec un ballon
sa cheville fait mentir
la gravitation
et le père à ses côtés semble fier
que sa fille l'atomise
au nombre de rebonds

mais Thirty n'ose plus sortir
les routes des rêves paraissent bouchées
d'histoires crasses
elle a l'impression dégueulasse
de sécher sur place
de connaître déjà la fin des histoires
et son ventre est trop nu

il était dit pourtant que l'âge
affaiblissait la peur alors où est passé le sentiment
de l'étonnement pur
vierge
de défiance

Jean Le Choeur

Quatrième définition

JERK, nom masculin. Point.

Danse des années 70, saccadée, individuelle.

ET danse d'aujourd'hui.

Le jerk est devenu un challenge TikTok pendant la pandémie.

Je suis Jean-Fouis et je suis Jean-Voie je suis Jean-Balle et je suis Jean-Goisse.

Les mises en situation sont posées, ça évolue...

Ou pas.

Ça évolue vers où ça doit évoluer.

Nous rendons visible l'invisible.

Un futur désirable est-il habitable? Hein?

Je me sens coincée,

si coincée, c'est comme si on me pressait de toutes parts pour que je prenne autant de place qu'un petit cube qu'un minuscule cube de bouillon de viande...

OK.

Levez-vous.

Inspirez.

Expirez.

Et c'est parti.

Faites comme moi.
Voyez : et un et deux et trois et quatre.
One-two-three-flex :

Et Jerk !

Et Jerk !

Je suis Jean-Seigne.

Bouge ton booty baby !

Shake it ! Shake it !

Je comprends rien.

Tu plies le genou vers l'avant.
Puis tu sautes
en avançant l'autre pied
tout en faisant basculer le genou vers l'arrière.
Et tu recommences.

Et-five-et-six-et-seven-eight !

Ça marche avec toutes les chansons ?

Va savoir.

Je lis que l'essence du jerk puise dans le rejet du couple. C'est une danse moderne, il s'agit donc avant tout d'individualisme.

Comme ça :
Reject !
Reject !
Reject !

Ne pense pas vers le bas, pense vers le haut ! You gotta think up !

Lâche-toi.

Fais comme si personne ne te voyait.

J'aimerais danser sans gêne dans la rue.
J'aimerais danser pour exprimer ce que je ne parviens pas à dire.
J'aimerais danser à poil en hurlant.

Baisse les épaules.
Souffle.
Voilà.

Et puis tu croises un pied derrière l'autre cheville, tu tombes et tu te relèves en tournant sur toi-même.

L'exercice rétrécit mon attention.

J'aime quand la douleur me surprend

À l'arrière de la cuisse

Elle allume ma cheville

J'aime que mon corps prenne toute la place

Je chante et je bouge devant toi, public, tu m'adores et à ce moment-là, je t'aime aussi. On se plaît, tu te pâmes, c'est une baise de l'esprit totale.

J'en ai la chair de poule.

Chapitre 9

– Sixtine –

Rodéo

À la balade sur le rivage
au resto en ville même
à la salle de sport perchée sur la nouvelle zone d'activités
à l'après-midi baignade
l'amie de sa mère dit oui

plus les jours passent
plus elle dit oui
Sixtine Ninja Moon Summers
lance sa dernière cartouche :
soirée en boîte !
l'amie de sa mère hésite et puis
dit oui aussi

excitation mon amour
petite drogue dure
soirée Rodéo
ambiance hacienda
Caraïbes low cost
les faux tonneaux
qui servent de tables hautes
enferment un trésor
de vide traversé par les sons
pepsipinacoladés
Suggar Daddy Addictive

Truth Hurts Papi Chulo
Everybody comes to Hollywood
et à la Rodéo Night depuis
100 kilomètres à la ronde
mimer sur la piste
ce qu'on imagine incarner
le flow du Sud
de la rage du suave
onduler cow-girl
en regardant à ses pieds
des grains de lumière
qui tournent toujours
dans le même sens

l'amie de sa mère se déploie
avec classe ses mouvements
ne singent rien Sixtine
a un peu honte
de sa propre gêne
à la voir danser comme
elle le faisait dans le jardin
elle jerke, elle rocke
sur du r'n'b et de la pop
pas comme si personne ne regardait
pas comme si tout le monde la regardait
mais en ne refusant rien
sous les cieux sans âge
de l'autotune

sa différence invite à s'arrêter
pour voir ce qui se passe
pour voir
deux jeunes mecs s'y aimantent
calligraphie de girafons
joyeuse

quelle est la langue des moments
clés des séductions au milieu
des décolletés acryliques argentés
cocktail de doutes

se rassurer tous les mâles
ne versent pas du GHB dans tous les verres
de toutes les filles et puis
quand on ne sait pas
on laisse venir la bouche
de Julien ou Logan
tandis que Ludovic ou Gaël
se rapproche de l'amie de sa mère

par symétrie
par synergie

il est tard
elles se concertent et puis
proposent un dernier verre
à la maison les deux garçons
acquiescent sans hésiter

quatre
divisé
en deux
chambres
bonne nuit

chacune emmène
de son côté
un invité
deux fois
deux corps à corps
avec la chance

le lendemain
la voiture
relâche les amants
stagiaires cheminots
sur le parking de la gare

tu te rends compte elles disent elles se mordent les lèvres se regardent et se regardent et la surprise les saisit dans un écarquillement

elles décident
de prolonger l'inédit
et s'offrent royales
un burger
sur la zone d'activités

assises à l'écart des caisses
enregistreuses il y a aussi du silence
quelque part qui pèse
une plume
autour de la table
inamovible
sur les plateaux-repas
les pailles de plastique
les cernes nacrés
Sixtine se tait

les secrets mieux que les mensonges
les mensonges une question de perspective

et l'amie de sa mère dit
on n'en parlera pas n'est-ce pas

Chapitre 10

– Thirty –

À l'eau

De l'eau partout
parfumée solution
de savon noir
au désordre mais ranger
d'abord une évidence
action
en mouvements répétés
simples le ménage en soi
une dépollution
d'images
un objet après l'autre détritus à virer
faire place nette
lui demandera des heures

C'est une histoire
de nid
disait une amoureuse ancienne
se préparer à l'épreuve
de la fin de cycle
dégager les obstacles
extérieurs avant la réplique
des entrailles pour saigner rouge
sur blanc tendre à l'immaculé

c'est un déplacement

de livres de coussins
de clones de bouteilles
d'emballages de bas
en haut ramasser et trier
le vieux qui ne sert plus
le vieux qu'on garde encore

c'est une négociation impossible avec le temps

un effort dépourvu
de lutte un épuisement
que la lenteur soutient
malgré les contractions
des muscles sur l'éponge
la résistance des taches
le raidissement des doigts
quand le geste insiste
au fil des années la vue
du même règne
dans l'avant
dans l'après
et la croyance de Thirty
organise encore la menace

pendant le nettoyage
rien ne peut arriver
on ne meurt pas en faisant la vaisselle

émail lisse qui mousse

laver comme on efface
comme on baigne une enfant
ton lieu de vie est le reflet de ton âme
disait une autre
prends soin de toi
elles ont dit sans résultat
Thirty frotte longtemps
comme l'éponge absorbe
le liquide elle se sent pleine
une imbibition
extraction contrariée
sa porosité compte tellement
de trous
que ça fiche les jetons

elle termine toujours
le rituel nettoyage
par le miroir à quoi
ressemble une meuf
de trente ans
à quoi ressemble
une meuf
à quoi ressemble
qui ?

dans sa tête des gens occupent toute la place
si bien qu'elle ne sait plus qui regarde
qui juge
ce qui s'est passé

de chien, un paysage marin, mais l'enfant se réveille, la poussette devient stridente. Et rien ne bouge dans le décor, pourtant tout se déchire autour du cri ; tout se suture aussitôt, dès que la bouche rencontre la tétine et tout le monde fait comme si le son n'avait pas modifié la structure de l'air. C'est ça, c'est juste ça ! se dit Jean-Tasse, peut-être à voix haute, juste ça, ce que le temps me fait, un déchirement qui s'invisibilise - un effet neuf.

Quand le bébé atteindra son âge, elle-même aura environ l'âge de l'amie de sa mère.

A-t-elle elle aussi le sentiment d'héberger dans son corps une petite fille à côté d'une vieille dame ? Jean-Fourche peut sentir sans mentir deux entités composer son propre regard, et détailler l'entre deux âges dans lequel elle se trouve. Deux états libres, les petites filles et les vieilles dames, sans drapeau, qu'on étiquette d'un geste facile : « sans danger », « inoffensives ». Quelle blague. Quand elle sera plus vieille, elle posera des bombes, elle foutra le bordel et le bébé qui tète marchera demain sur les têtes des ennemis d'hier, et Jean-Risdéjà paie son café au comptoir en se réjouissant d'être remplacée par une jeunesse plus consciente et plus affirmée que n'a été la sienne, délirant agréablement sur la possibilité de faire peau neuve, elle aussi. Dehors l'accueille avec ses pensées au flou joyeux, embrassant la musique automatique de sa sortie, et rien dans l'atmosphère ne semble avoir changé non plus, quand elle entend son prénom.

Il fait un trou dans lequel passent les carpes qui ondulent dans l'air. C'est comme une chute de scénario de fiction et ce qu'il se passe lui échappe totalement. Il la hèle et elle se retourne, il ne l'appelle pas Jean, non, Jean est son troisième prénom, personne ne répond quand on l'appelle par son troisième prénom, à quoi servent-ils, bordel, elle se demande, mais le professeur d'anglais la hèle et elle se retourne. Jean-Perlenor le voit très distinctement, elle le reconnaît aussitôt, comme s'ils s'étaient quittés la veille. Autour de son masque chirurgical, il ressemble en tout point à celui qu'il était. Il la complimente sur son sourire, sur ses yeux qui, instantanément, se familiarisent à nouveau avec sa manière d'occuper l'espace, une chorégraphie sautillante, un mélange d'assurance et de désinvolture. Y a-t-il un enfant à l'intérieur de lui qui se tient à côté d'un vieil homme, est-ce l'enfant ou la vieille dame qui l'a désiré quand elle avait seize ans, Jean-Tonne se surprend à dire bonjour. Il paraît que tu écris des poèmes, que tu as quitté l'assistance sociale, Jean-Castre est bâillonnée mais Jean-Trave tient le cap et la politesse suinte, abondamment, de tous ses pores. Elle a le cheveu brillant et l'oeil ouvert sur la bonne tenue de toute chose. Dix-neuf ans accélèrent brutalement sur la conscience. Jean-Fume ne sait plus de quel côté de l'histoire elle se trouve, s'il ne faudrait pas l'enterrer, oui, la couvrir d'humus avant la quatrième vague féministe, parce qu'il n'y a personne pour confronter ce type d'environ septante ans maintenant, personne pour lui reprocher quoi que ce soit, et plus la conversation avance moins ses bras sont mobiles, Jean-Parlepas a coupé le courant. Elle a pour toujours seize ans quand il la regarde, un regard amoureux on dirait. Deux fois seize ans tenus en laisse, premier prix d'urbanité, de courtoisie et de civilité. Un tas de honte moulé dans un corps de femme, souriant pour plaire, dégueulassement, à l'autorité.

Elle balance qu'elle veut changer de pays. Il lui touche l'épaule, je serai le premier à t'y rejoindre, dix-neuf ans tombent dans le vide. Pour toujours elle l'accueillerait, son visage, son sexe sont d'une nudité totale et d'aucun secours et les putains de carpes ondoient dans l'air, indifférentes à son sort. N'est-elle pas pourtant devenue une des leurs ? Mi-carpe, mi-chienne, mi-forte, minable devant la station de tramways, elle ne répond pas, puis elle dit au revoir.

Au creux placentaire de chez elle, elle s'assied. Le sol est froid sous ses paumes moites, le piano débranché, l'appartement vidé de ses couleurs. Elle ferme les yeux, combien de temps avant de connaître la paix, combien de temps avant de sentir, là, un désir de vivre qui ne s'abuse pas, je suis Jean-Sans-Coeur, dit-elle.

Là

Les yeux ouverts
à présent
un peu flous
travaillés par la mue
elle respire
elle se touche
les bras, les seins
ses mains fines
comme la peau un peu brunie
par endroits
séchée, comme la viande
que mâchent des types dans les westerns
que vendent les magasins bio
une fortune

on dirait qu'elle a enfilé
comment appelle-t-on ça déjà
un vêtement ample
trois tailles au-dessus
une combinaison de plongée
elle flotte en elle-même

suspendue
dans l'assise du réveil
devant elle la table basse
et derrière le piano

ça y est elle bouge

elle se déplie
elle presse le pas
jusqu'à la porte et puis
jusqu'à la dernière marche
des escaliers et puis
dans le hall d'entrée ça y est
elle est dehors
elle court
en sentant le vent caresser
la toison longue de ses aisselles

Elle court à poil en hurlant
ou peut-être qu'elle danse

Derrière sa fenêtre une jeune fille
saisit son téléphone pour la filmer.

Table des matières

Pour composer sa deuxième définition, Jean Le Choeur a repris des paroles issues de la playlist suivante : *Le jerk* de Thierry Hazard ; *Démission (Pour Claire)* de Les Vilars ; *Video Games* de Lana Del Rey ; *Baby One More Time* de Britney Spears.

Merci à Aurore
Merci à Garnier
Merci à Nabec.

Ouvrage réalisé par Meriem Steiner
d'après une conception graphique de L'autobus,
et composé en Linux Libertine 10 pt.
Imprimé à 600 exemplaires, en juillet 2022,
sur les presses de la Maison de la poésie d'Amay
en Belgique.